_____ 님께

부처님의 자비가 함께하시길 바랍니다.

초보자를 위한
부처님의 가르침 공부

청곡 백점기 지음

비움과 채움

머리말

지혜(智慧)와 깨달음을 얻는 길은 여러 가지가 있습니다. 부처님의 가르침도 그 가운데 하나입니다. 고대 인도 샤크야(Shakya)족 숫도다나 고타마(Shuddhodana Gautama) 왕의 아들인 싯다르타(Siddhartha) 왕태자가 스물아홉 살에 출가하여 서른다섯 살에 깨달음의 최고 경지에 도달하여 부처가 된 이래 세상 사람들은 그의 가르침을 열심히 공부해오고 있습니다. 그러나 초보자들에게는 방대한 분량의 부처님 가르침을 공부하기 전에 입문서가 필요합니다.

이 책은 부처님의 가르침을 본격적으로 더 깊고 더 넓게 공부하고자 하는 독자들을 위한 입문서입니다. 초보자인 지은이가 부처님의 가르침을 공부하면서 나름대로 정리한 요점을 독자들과 공유하기 위해 쓴 것입니다. 실천 수행법 중의 하나인 법보시(法布施)의 일환이라 할 수 있습니다. 지은이는 반야심경, 《부처님의 가르침》(일본불교전도협회) 등의 자료로 공부를 진행하였고, 이 책을 정리할 때도 이들 자료를 활용하였습니다. 이 책은 부처님의 가르침을 처음 접하는 독자들도 부담 없이 접근할 수 있도록 이해하기 쉽고 현대적인 용어를 사용하여 쓰였습니다.

 이 책에서는 부처님의 생애, 열반에 들기 전의 마지막 설법, 4성제와 8정도, 연기, 중도, 청정심, 번뇌, 보시, 그리고 깨달음의 최고 경지에 이르는 길을 다루고 있습니다. 마지막에는 지은이가 실제 체험한 깨달음에 관한 이야기를 실었습니다. 초보자가 읽기에 편하도록 몇 개의 장과 절에 주제별로 나누어 기술하였습니다. 부록에는 불교의 기본 용어 사전을 실었습니다.

이 책을 통하여 일상생활 속에서 부처님의 가르침을 바탕으로 지혜와 깨달음을 스스로 찾을 수 있는 계기가 되기를 바라는 마음입니다. 지은이가 정리하여 eBook으로 출판한 책 《초보자를 위한 반야심경 공부》(비움과채움)도 함께 일독하기를 권합니다. 아제아제 바라아제 바라승아제 모지 사바하!(갑시다! 갑시다! 저 깨달음의 세계로 갑시다! 모두 함께 저 깨달음의 세계로 갑시다! 오! 깨달음이여! 축복이어라!)

중국 닝보에서 **청곡 백점기**

차례

머리말 · 2

제1장 부처님의 생애 · 9
세존과 관련 인물의 일대기 요약 · 23

제2장 열반에 들기 전 부처님의 마지막 설법 · 25

제3장 부처님의 가르침 · 33
4성제(四聖諦)와 8정도(八正道) · 34
연기(緣起) · 37
중도(中道) · 40
청정심(淸淨心) · 45
번뇌(煩惱) · 49
보시(布施) · 56

제4장 깨달음의 최고 경지에 이르는 길 · 61

제5장 깨달음 체험기 · 67

참고문헌 · 75
부록 | 불교 기본 용어 사전 · 76

釋迦牟尼

제1장
부처님의 생애

히말라야(Himalayas)산 남쪽으로 흐르는 로히니(Rohini)강을 따라 샤크야(Shakya)족이 살고 있었습니다. 이 부족의 왕은 숫도다나 고타마(Shuddhodana Gautama)였습니다. 숫도다나 왕은 카필라바스투(Kapilavastu) 지역에 도읍지를 정하고 훌륭한 성을 짓고 선정(善政)을 펼쳐 백성들은 왕을 잘 따랐습니다.

왕비의 이름은 마야(Maya)였습니다. 마야 왕비

는 이웃 지역에 살고 있는 같은 샤크야족 왕의 딸이었는데, 이 왕은 숫도다나 왕의 숙부였으므로 자신의 사촌 여동생과 결혼한 것이었습니다.

부부는 결혼 후 20년이 지나도록 자녀를 갖지 못하였습니다. 어느 날 밤 마야 왕비는 흰 코끼리가 오른쪽 옆구리를 통해 자궁으로 들어오는 꿈을 꾼 뒤 임신을 하였습니다. 왕실과 백성들은 왕자의 탄생을 소원하며 기도하였습니다. 출산일이 다가오자 생가에서 출산하는 부족의 전통에 따라 왕비는 생가에 돌아가게 되었습니다. 도중에 따사로운 봄볕이 내리쬐는 가운데 룸비니(Lumbini)동산에서 휴식을 취했습니다. 왕비 주변에는 온통 아쇼카(Ashoka)꽃이 만발해 있었습니다. 왕비가 꽃의 가지 하나를 꺾으려고 손을 내미는 순간에 왕자를 낳았습니다. 천지에는 기쁨의 소리가 충만하였고 모자를 진심으로 축복하였습니다. 이날이 바로 BC624년 음력 4월 8일(사월 초파일)이었습니다(세존 입멸 2500년을 기념해 1956년에 열린 세계불교대회에서 결의한 입멸연도 BC544년 기준).

숫도다나 왕은 기쁨을 감추지 못하였고, "모든 소원이 이루어졌다"는 뜻을 가진 싯다르타(Siddhartha)라는 이름을 왕태자에게 지어 주었습니다. 그러나 기쁨과 함께 슬픔도 있었습니다. 마야 왕비가 출산 후유증으로 얼마 후 세상을 떠나고 말았던 것입니다. 왕태자는 어쩔 수 없이 마야 왕비의 여동생인 마하프라자파티(Mahaprajapati)에게 맡겨져 양육되었습니다.

이 무렵에 아시타(Asita)라는 도사가 성에서 멀

지 않은 산속에서 수행하고 있었는데, 성 주위에 좋은 기운이 흐르는 것을 발견하고 산에서 내려와서 왕태자를 보게 되었습니다. 이 도사는 "장차 이 아기가 커서 왕실에 계속 머문다면 세계를 통일하는 위대한 왕이 될 것이요, 그렇지 않고 출가하여 수행의 길로 들어간다면 세상을 구하는 부처가 될 것"이라고 예언하였습니다. 숫도다나 왕은 이 예언을 듣고 처음에는 기뻐하였으나 점차 왕태자가 출가하면 어쩌나 하여 큰 근심을 가지게 되었습니다.

BC617년 싯다르타 왕태자는 일곱 살이 되던 해부터 문무를 연마하기 시작하였습니다. 어느 봄날 왕태자는 부왕과 함께 농부들이 경작하고 있는 밭으로 나가 농사짓는 모습을 견학하고 있었습니다. 이때 작은 새 한 마리가 날아와서 밭에 있는 작은 벌레를 잡아 날아가는 것을 보게 되었습니다. 왕태자는 "생명체끼리 서로 살육을 하네!"라고 중얼거리며 깊은 상념에 빠졌습니다. 태어나자마자 생모와 이별하고, 지금은 생명체 간에 살육이 일어나고 있는 현실을 보면서 인생의 고뇌를 느꼈습니다. 시간이 지남에 따라 이 고뇌는 더욱 커져만 갔습니다.

숫도다나 왕은 왕태자의 이런 모습을 보고 걱정이 이만저만이 아니었습니다. 마침 어느 도사의 예언을 떠올리고 왕태자의 마음을 돌리기 위해 여러 가지 대책을 세웠습니다. BC605년 왕태자가 열아홉 살이 되었을 때 장가를 보냈습니다. 신부는 왕태자 어머니의 오빠인 수프라붓다(Suprabuddha)의 딸인 야쇼다라(Yashodhara) 공주였습니다.

결혼 후 10여 년에 걸쳐 싯다르타 왕태자는 궁전에서 영화로운 생활을 즐겼습니다. 하지만 이 기간에도 명상을 통해 삶의 근원을 파헤치기 위해 고심하였습니다. 왕태자는 "궁전의 이 영화도, 건강한 이 육체도, 기쁨의 이 젊음도 결국 무엇을 의미하는가! 사람은 늙고 병들고 언젠가는 죽음을 맞이하게 된다. 젊음도 건강도 살아 있다는 것에도 대체 어떤 의미가 있다는 것인가"라는 상념에 젖어 지냈습니다.

"인간이 살아 있다는 것은 뭔가 구하고 이루기 위함이다. 여기에는 잘못된 것을 구하고 이루려는 것과 올바른 것을 구하고 이루려는 두 가지가 있다. 전자는 자신이 늙고 병들고 죽음을 피할 수 없음에도 늙지 않고 병들지 않고 죽지 않는 것을 구하고 이루려는 것이다. 후자는 이 잘못을 깨닫고 늙고 병들고 죽음을 초월하여 인간의 모든 고뇌에서 벗어난 경지에 이르는 것이다. 지금의 나는 이 잘못된 것을 구하고 이루려고 하고 있다" 싯다르타 왕태자는 이렇게 생각하였습니다.

BC595년 싯다르타 왕태자가 스물아홉 살이 되었을 때 유일한 자식인 라훌라(Rahula)가 태어났습니다. 이때 그는 마음속에서 계속되는 고뇌를 더 이상 견디지 못하고 영화로운 궁전을 떠나 속세와의 단절을 위해 출가를 결심하였습니다. 왕태자는 시종 찬다카(Chandaka)만을 데리고 궁전을 몰래 떠났습니다. 왕태자의 애마 칸타카(Kanthaka)를 타고 궁전을 빠져나왔습니다. 궁전 밖의 생활은 힘들고 고통스러웠습니다. 다시 궁전으로 돌아가려는 유혹이 엄습해 왔습니다. 그래서 시종과 애마를 궁전으로 돌려 보내버리고 싯다르타 왕태자는 이를 악물고 음식을 구걸해 가면서 걸어서 남쪽 지방으로 향했습니다.

  그는 먼저 바가바(Bhagava) 도사를 만나 고행의 실상을 견학하였습니다. 또 아라다 칼라마(Arada Kalama)와 우드라카 라마푸트라(Udraka Ramaputra)라는 기도처를 방문하여 수행하는 방법을 배웠습니다. 그러나 그는 이런 방법으로는 궁극적인 문제를 해결할 수 없음을 깨닫고 마가다(Magadha) 지역으로 갔습니다. 이곳에서 가야(Gaya)마을 옆을 흐르는 나이란자나(Nairanjana)강 근처의 우루빌바(Uruvilva) 숲속에 자리를 잡았습니다. 격렬한 고행의 시작이었습니다.

  싯다르타 왕태자 본인이 훗날 말했듯이 전무

후무한 고행의 연속이었습니다. 그러나 이런 고행에도 불구하고 자신이 구하고 이루려는 것을 결코 얻을 수 없었습니다. 그리하여 6년간 지속해오던 고행을 과감히 중단하였습니다. 그리고 나이란자나강에서 몸을 깨끗이 씻고 이웃 동네에 살고 있던 수자타(Sujata)라는 여인으로부터 한 사발의 모유를 받아 마시고 건강을 회복하였습니다.

이때 싯다르타 왕태자와 함께 수행하던 다섯 명의 출가자들은 싯다르타 왕태자가 타락하고 말았다고 생각하여 모두 다른 곳으로 가버렸습니다. 이제 주위에는 싯다르타 왕태자 외에는 아무도 남지 않았습니다. 조용한 나무 아래에 홀로 앉아 목숨을 걸고 최후의 명상에 돌입하였습니다. "피가 굳어지고 살이 헤어지고 뼈가 조각 나는 한이 있더라도 나는 이 자리에서 절대 일어나지 않을 것이다" 이렇게 결심하였습니다.

그러나 문자 그대로 악전고투였습니다. 피가 흐르고 살이 떨어져 나가고 뼈가 산산조각나는 고통의 연속이었습니다. 혼란스러운 마음, 걷잡을 수 없는 번뇌, 부끄럽고 추한 생각, 이런 모든 괴로움에서 벗어날 수 없었습니다. 그러나 그는 깊은 수행 끝에 드디어 모든 괴로움을 극복하고 깨달음의 최고 경지에 이르러 찬란한 부처님이 되었습니다. 때는 싯다르타 왕태자가 서른다섯 살이 되던 해인 BC589년 12월 8일 아침이었습니다.

이때부터 싯다르타 왕태자는 불타(佛陀, Buddha), 무상각자(無上覺者, Perfectly Enlightened One), 여래

(如來, Tathagata), 석가모니(釋迦牟尼, Shakyamuni), 석존(釋尊, Sage of the Shakya Clan), 세존(世尊, World-Honored One)으로 불리게 되었습니다. 한국에서는 부처님으로 불립니다.

세존은 먼저 6년간에 걸쳐 고행을 함께 했던 다섯 명의 출가자들에게 자신이 깨달은 바를 설법하기 위해 그들이 사는 바라나시(Varanasi) 지역에 있는 므리가다바(Mrigadava) 기도처로 갔습니다. 그들은 처음에는 세존을 피했으나 가르침을 듣고 나서 세존을 믿게 되어 최초의 제자가 되었습니다. 그는 라자그리하(Rajagriha)성으로 가서 빔비사라(Bimbisara) 왕을 교화하였고, 이곳을 근거지로 하여 가르침을 더욱 넓혀나갔습니다.

사람들은 마치 갈증이 나는 자들이 물을 찾

듯이, 배고픈 자들이 음식을 구하듯이 세존 곁으로 모여들었습니다. 사리푸트라(Sariputra, 사리자, 舍利子)와 모드갈야야나(Maudgalyayana, 목련존자, 目連尊者)의 2대 제자를 비롯하여 2천여 명의 제자들이 세존을 따랐습니다. 세존의 출가를 막고자 했고 출가 때문에 깊은 근심에 빠졌던 부왕 숫도다나, 아들 라훌라, 양모 마하프라자파티 그리고 왕태자비 야쇼다라를 비롯하여 왕실 가족들도 모두 세존에 귀의하여 제자가 되었습니다.

세존은 가르침을 전도하기 위한 여행을 45년간 이어갔습니다. 세존이 79세가 되었을 때 양모 마하프라자파티뿐 아니라 2대 제자 사리자와 목련존자가 세상을 떠났습니다. 세존도 라자그리하(Rajagriha)에서 쉬라바스티(Shravasti)로 가던

도중에 바이살리(Vaisali)에서 병을 얻고 말았습니다.

세존은 "석 달 안에 내가 열반(Nirvana)에 들 것이다"라고 예언하였습니다. 병에도 불구하고 여행을 계속했는데, 파바(Pava)에 이르렀을 때 제자 츈다(Chunda)가 공양한 음식을 먹고 병이 급속도로 악화하였으나 고통을 참고 쿠시나가라(Kusinagara) 근처에 있는 숲속으로 들어갔습니다. 그리고 세존은 두 그루의 큰 살라(Sala)나무 사이에 기대어 제자들에게 마지막 설법을 하고 조용히 열반에 들었습니다. 이날이 세존의 나이 80세의 해, BC544년 2월 15일이었습니다.

쿠시나가라 사람들은 세존이 열반에 들었다는 비보를 듣고 슬퍼하였습니다. 그들은 25년에 걸쳐 세존의 시자(侍者), 즉 비서 역할을 담당하고 있던 아난다(Ananda)의 지시에 따라 세존의 유해를 화장하였습니다. 이때 마가다국의 아자타사트루(Ajatasatru) 왕을 비롯하여 주변의 8개 나라 왕들은 세존의 유골을 나누어 갖기를 원했으나 쿠시나가라 사람들이 이를 거부하여 싸움이 벌어졌습니다. 그러나 현자 드로나(Drona)의 중재에 따라 유골은 8개 나라에 골고루 분배되었습니다. 이외에도 유골을 담았던 병과 재를 받은 사람도 있었고 각자 그 나라에 봉안되었습니다. 그리하여 10개의 큰 부처님 사리탑이 건립된 것입니다.

세존과 관련 인물의 일대기 요약

BC624년 4월 8일: 탄생(세존 입멸 2500년을 기념해 1956년에 열린 세계불교대회에서 결의한 입멸연도 BC544년 기준)

BC617년(7세): 문무(文武) 연마 시작

BC605년(19세): 결혼

BC595년(29세): 아들 라훌라 출생, 출가

BC589년 12월 8일(35세): 깨달음의 최고 경지에 이르러 부처가 됨

BC583년(41세): 아들 라훌라 12세에 출가

BC581년(43세): 부왕 97세에 병사, 양모 마하프라자파티 출가

BC575년(49세): 아들 라훌라 20세에 구족계(具足戒) 받음

BC569년(55세): 제자 아난다가 시자(侍者)가 됨

BC545년(79세): 양모 마하프라자파티 죽음. 2대 제자 사리자와 목련존자 죽음

BC544년 2월 15일(80세): 입멸(入滅)

釋迦牟尼

제2장
열반에 들기 전 부처님의 마지막 설법

세존은 열반에 들기 전에 쿠시나가라의 살라나무 아래에서 제자들에게 마지막 설법을 행하였습니다.

제자들이여! 스스로 등불이 되어라. 자신에게 의지하여라. 타인에게 의존하지 말아라. 내 가르침을 너희들의 등불로 삼아라. 다른 가르침에 의존하지 말아라.

자신의 몸을 살펴보아라. 더러워진 몸을 생각해 보아라. 고통과 기쁨 이 두 가지 모두가 괴로움의 원인이 된다는 것을 알게 된다면 어찌 욕망에 사로잡힐 수 있겠는가. 자신을 깊이 생각해 보아라. 몸과 마음의 무상(無常)함을 알게 된다면 어찌 마음이 혼란스럽고 자만심과 이기심에 사로잡힐 수 있겠는가. 이것을 이해하면 모든 괴로움에서 벗어날 수 있게 되느니라. 내가 이 세상을 떠난 뒤에도 이 가르침을 따른다면 너희들은 진정한 내 제자라 할 것이다.

제자들이여! 지금까지 내가 설법해온 가르침을 항상 귀담아듣고 항상 명상하고 항상 수행하고 절대 버리지 말아라. 내 가르침대로 행한다면 항상 행복이 충만하게 될 것이다.

내 가르침의 핵심은 너희들의 마음을 잘 제어해 내어야 한다는 것이다. 욕망을 멀리하고 행동을 올바르게 하고 마음을 깨끗하게 하고 말을 진중하게 해야 하느니라. 삶의 무상(無常)함을 항상 기억한다면 욕망과 분노에서 벗어날 수 있고 모든 악을 피할 수 있게 될 것이니라.

만일 마음에 사악한 욕망이 생긴다면 이를 반드시 억눌러야 하느니라. 이런 마음에 단순히 복종하는 종이 되지 말고 마음의 주인이 되어라. 사람의 마음은 부처가 될 수도 있고 짐승이 될 수도 있다. 잘못하여 야수가 되거나 잘하여 부처가 되는 것은 모두 마음을 어떻게 다스리느냐에 달렸다. 그러므로 마음을 올바르게 가다듬고 올바른 길에서 결코 벗어나지 않도록 해야 하느니라.

제자들이여! 내 가르침을 잘 따라서 서로 싸우지 말고 화합해야 하느니라. 기름과 물의 관계가 아니라 물과 우유의 관계가 되어야 하느니라. 함께 공부하고 함께 배우고 함께 수행하여라. 가치 없는 일에 마음을 쓰거나 시간을 낭비하지 말고 깨달음의 환희를 만끽하고 올바른 수행을 통해 열린 열매를 추수하여라.

제자들이여! 내 가르침은 어떤 경우에도 기억하고 따라야 하느니라. 만일 내 가르침을 잊는다면 너희들은 나를 결코 만날 수 없게 될 것이다. 설사 나와 함께 있다고 하더라도 나와 멀리 떨어져 있는 것이다. 만일 내 가르침을 받아들이고 수행한다면 설사 나와 함께 있지 않더라도 나와 가까이 있는 것이다.

제자들이여! 내 죽음이 가까이 다가오고 있다. 우리의 이별이 가까이에 있다. 그러나 슬퍼하지 말아라. 삶은 무상(無常)하고 태어나서 죽지 않는 것은 없다. 내 몸이 산산조각 나서 없어지는 것도 이 무상(無常)의 도리를 내 죽음을 통해 보여주는 것이니라.

막연히 슬퍼하기보다 이 무상(無常)의 도리를 깨닫고 영원한 것은 없고 인간 세상이 공(空)한 것임을 인식하여라. 번뇌라는 적은 너희들의 마음을 어지럽히려고 기회를 항상 엿보고 있느니라. 만일 너희들의 방에 독사가 살고 있다면 그 독사를 쫓아내지 않는 한 안심하고 그 방에서 잠을 잘 수 없는 것과 같은 이치이니라. 번뇌라는 적을 마음에서 쫓아내어라. 번뇌라는 독사를 마음에서 쫓아내어라. 그리하여 마음을 올바르게 가다듬고 지켜라.

제자들이여! 이제 나의 마지막 순간이 왔다. 그러나 이 죽음은 육체의 죽음이니라. 육체는 부모로부터 받은 것이고 음식을 먹으면서 유지되는 것이므로 병이 들고 상처가 나고 죽음에 이르는 것은 피할 수 없느니라. 진정한 부처는 육체가 아니라 깨달음이니라. 육체는 죽어 없어지더라도 깨달음은 영원히 살아 있느니라. 그러므로 내 육체만을 보는 자는 진정으로 나를 보는 것이 아니다. 내 가르침을 보는 자가 진정으로 나를 보는 자이다.

내가 죽은 뒤에는 내 가르침이 바로 너희들의 스승이니라. 그러므로 내 가르침을 지키고 따르는 것이 바로 나를 따르는 것이니라. 내 인생의

후반 45년간에 걸쳐 내가 가르치고자 했던 것은 모두 가르쳤다. 나한테는 더 이상 신비한 가르침이 남아 있지 않다. 제자들이여! 이제 마지막 순간이다. 나는 지금부터 열반에 들어가려고 한다. 이것이 나의 마지막 설법이니라.

釋迦牟尼

제3장
부처님의 가르침

 부처님의 가르침은 매우 신비롭고 매우 밝으며 무한히 높고 견줄 것이 없는 심오한 내용을 담고 있기 때문에 이 작은 책자에 이를 모두 정리하는 것은 불가능합니다. 따라서, 이 책자에는 부처님의 가르침 중에서 초보자가 참고할 만한 주제 몇 가지를 골라 핵심 내용만을 설명하고자 합니다. 부처님의 가르침을 더 깊고 더 넓게 공부하고자 하는 독자들은 사찰이나 서점에서 구할 수 있는 부처님의 가르침에 관한 훌륭한 해설서를 참고하시기 바랍니다.

4성제(四聖諦)와 8정도(八正道)

인간 세상은 괴로움으로 가득 차 있습니다. 태어나는 것도 괴로움이요, 늙고 병들고 죽는 것도 괴로움입니다. 증오의 대상과 만나는 것도 괴로움이요, 사랑하는 대상과 헤어지는 것도 괴로움이요, 갖고 싶은 것을 얻지 못하는 것도 괴로움입니다. 집착에서 벗어나지 못하는 모든 것이 괴로움입니다. 이것을 괴로움의 존재에 관한 진리, 즉 고성제(苦聖諦)라고 합니다.

괴로움이 생기는 이유는 마음에 번뇌가 있기 때문입니다. 이 번뇌는 격렬한 욕망 때문에 생깁니다. 이 욕망은 집착 때문에 생기는 것인데 보이는 것이나 듣는 것을 갖고 싶어 하는 마음입니다. 이것이 심해지면 심지어 죽고 싶다는 마음이 생기기도 합니다. 이것을 괴로움의 원인에 관한 진리, 즉 집성제(集聖諦)라고 합니다.

번뇌의 근원을 전부 없애고 집착에서 벗어나면 괴로움은 사라집니다. 이것은 괴로움을 없애는 진리인데 멸성제(滅聖諦)라고 합니다.

괴로움이 모두 사라진 경지에 이르기 위해서는 여덟 가지 올바른 길, 즉 8정도(八正道)를 수행해야 합니다. 8정도는 올바른 견해(정견, 正見), 올바른 생각(정사유, 正思惟), 올바른 말(정어, 正語), 올바른 행위(정업, 正業), 올바른 생활(정명, 正命), 올바른 노력(정정진, 正精進), 올바른 의식(정념, 正念), 올바른 마음 통일(정정, 正定)을 말합니다. 이들 여덟 가지는 욕망을 없애기 위한 올바른 길에 관한 진리인데 도성제(道聖諦)라고 말합니다.

몸과 마음에 이들 네 가지 진리, 즉 4성제(四聖諦)를 반드시 가져야 합니다. 왜냐하면 이 세상을 가득 채운 괴로움에서 벗어나려면 번뇌를 없애야 하며, 번뇌와 괴로움이 사라진 경지는 깨달음을 얻어야 성취할 수 있기 때문입니다. 깨달음은 8정도를 통해서 비로소 얻을 수 있는 것입니다.

깨달음을 얻고자 하는 사람은 반드시 4성제를 알아야 합니다. 이 4성제를 알고 있어야 깨달음의 눈을 가지고 있다고 할 수 있습니다. 마음을 집중하여 부처님의 가르침에 따라 4성제를 명확히 알고 나면 욕망에서 벗어날 수 있고, 세상과 다투지 않게 되고, 살생하지 않게 되고, 도둑질하지 않게 되고, 음행을 저지르지 않게 되고, 남을 속이지 않게 되고, 지나치지 않게 되고, 아첨하지 않게 되고, 질투하지 않게 되고, 인생의 무상(無常)함을 잊지 않게 되고, 올바른 길에서 벗어나지 않게 되는 것입니다.

8정도를 수행한다는 것은 등불을 들고 깜깜한 방에 들어가는 것과 같습니다. 등불을 밝히면 어둠이 사라지고 방 안이 밝아지는 이치입니다. 마찬가지로 4성제를 배우면 지혜(智慧)의 등불을 얻게 되어 올바른 지혜가 없는 어리석음, 즉 무명(無明)이 사라집니다.

연기(緣起)

모든 현상은 원인과 조건의 상호관계 속에서

성립됩니다. 이를 인연생기(因緣生起)라고 하는데 줄여서 연기(緣起)라고 합니다. 여기서 인(因)은 원인을 말하고, 연(緣)은 조건이라는 뜻입니다.

괴로움에는 원인이 있고, 깨달음을 얻는 길이 있듯이 모든 현상은 조건에 따라 생기고 조건에 따라 없어집니다. 비가 오는 것도 바람이 부는 것도 꽃이 피는 것도 낙엽이 지는 것도 모두 조건에 따라 생기고 조건에 따라 없어지는 것입니다.

우리 몸은 부모를 조건으로 태어나 음식을 먹고 유지되며, 마음도 경험과 지식에 의해 키워집니다. 그러므로 몸과 마음도 조건에 따라 성립되고 조건에 따라 변하게 됩니다.

그물망이 그물코에 얽혀 서로 연결되어 있는 것처럼 모든 현상은 서로 연결되어 있습니다. 그물코가 한 개의 그물코가 아니라 여러 개의 그물코와 연결되어 있을 때 비로소 그물망이 만들어지는 이치입니다.

꽃은 피는 조건이 맞을 때 피는 것이고, 낙엽은 지는 조건이 맞을 때 지는 것입니다. 홀로 피거나 홀로 지지 않습니다. 조건이 맞을 때 함께 피고 조건이 맞을 때 함께 지는 것입니다.

모든 현상이 조건에 의해 생기고 조건에 의해 없어지는 것은 영원불변의 진리입니다. 모든 것은 조건에 따라 지속적으로 변하고 변하지 않고 남아 있는 것은 없습니다.

중도(中道)

 깨달음에 이르기 위해 반드시 피해야 할 두 가지는 내키는 대로 생활해서도 안 되고 자신의 심신을 고문하듯 고행을 해서도 안 된다는 것입니다. 이런 극단적인 생활을 피해서 지혜롭고 평화로운 중도(中道)의 생활을 해야 합니다. 깨달음에 이르기 위해서는 양극단의 생활을 피해서 중도의 길을 가야 합니다. 집착하거나 편협한 생각을 가져서는 안 됩니다.

 중도의 생활이란 올바른 견해(정견, 正見), 올바른 생각(정사유, 正思惟), 올바른 말(정어, 正語), 올바른 행위(정업, 正業), 올바른 생활(정명, 正命), 올바른 노력(정정진, 正精進), 올바른 의식(정념, 正念), 올바른 마음 통일(정정, 正定)의 8정도(八正道)를 실천하는 생활입니다.

모든 현상은 조건에 따라 생기기도 하고 없어지기도 하는 것이므로 실체가 있느냐 없느냐로 구분하면 안 됩니다. 만물은 근본적으로 구분할 수 없는 동일한 것이기 때문입니다. 본질은 실체가 없고 생기는 것도 아니고 없어지는 것도 아닙니다. 이는 말로서 표현할 수 없는 것이므로 공(空, Non-substantiality)이라고 합니다.

모든 현상은 상관관계에 의해 성립하고 존재합니다. 혼자서는 성립할 수 없습니다. 광(光, 빛)과 영(影, 그림자), 백(白, 흰색)과 흑(黑, 검은색), 장(長, 긺)과 단(短, 짧음), 대(大, 큼)와 소(小, 작음) 등 본질적으로 상대적인 관계에 의해 성립되는 것입니다. 이를 무자연(無自然, Non-substantiality)이라고 합니다. 지혜와 어리석음도 마찬가지입니다. 지혜는 어리석음이 있기에 성립하는 것이고 어리석음은 지혜가 있기에 성립하는 것입니다. 그러므로 이들은 서로 상반된 모습을 가지고 있는 것이 아닙니다.

사람들은 만물이 생기고 없어진다고 보고 있지만 본질적으로는 생긴 것이 아니므로 없어지는 것도 아닙니다. 또 "내"(아, 我, Atman)가 있다고 생각하기 때문에 "내 것"에 집착하는 것입니다. 그러나 본질적으로 나(아, 我)라는 존재가 없으므로 내 것이 있을 수가 없습니다.

사람들은 깨끗함과 더러움이 있다고 생각하기 때문에 구분하고 집착하는 것입니다. 그러나 깨끗함과 더러움은 별개가 아닙니다. 사람들은 선(善)과 악(惡)이 있다고 생각하기 때문에 구분하고 집착하는 것입니다. 그러나 선과 악은 별개가 아닙니다.

 사람들은 불행을 두려워하기 때문에 행복을 갈망합니다. 그러나 올바른 지혜를 가지고 불행과 행복을 바라보면 불행한 상태가 그대로 행복한 상태가 된다는 것을 깨닫게 됩니다. 비행기를 타지 못하고 놓쳐서 불행한 마음에 빠져 있던 사람이 자신이 타지 못했던 비행기가 사고로 추락했다는 소식을 들으면 어떤 생각이 들까요. 원했던 일이 지금 이루어지지 않았다고 상심하거나 불행하게 생각할 필요가 없습니다. 더 큰 행복을 가져다주기 위한 과정일 수 있기 때문입니다.

 이처럼 서로 상반된 두 개가 존재하는 것이 아니라 본질적으로는 서로 동일한 것이며, 실체를 말로 표현할 수 없습니다. 그래서 만물은 공(空)하다고 하는 것입니다.

연꽃은 깨끗한 물이 아니라 더러운 늪지에서 핍니다. 이처럼 올바른 지혜와 깨달음이 항상 깨끗한 마음에서만 일어나는 것은 아니며, 잘못된 견해나 마음의 동요 속에서도 부처의 씨앗이 자랄 수 있습니다. 편협된 생각에서 벗어나야 합니다.

부처님의 가르침은 서로 상반된 두 개를 별개로 구분하지 말라는 것입니다. 상반된 두 개 중에서 한 개에만 집착하게 되면 설사 그것이 선하고 올바른 것일지라도 잘못된 것입니다. 심지어 만물은 지속적으로 변한다고 생각하는 것도 잘못이지만 만물이 불변하다고 생각하는 것도 잘못입니다. 모든 것이 괴로움이라고 생각하는 것도 잘못이지만 모든 것이 기쁨이라고 생각하는 것도 잘못입니다. 부처님의 가르침은 중도(中道)를 따르라는 것입니다.

청정심(淸淨心)

다양한 종류의 사람이 있습니다. 현명한 사람과 어리석은 사람, 좋은 사람과 나쁜 사람, 가르치기 쉬운 사람과 가르치기 어려운 사람, 순수한 마음을 가진 사람과 집착을 가진 사람도 있습니다. 나아가 사람은 성별로도 분류할 수 있습니다. 어떤 종류의 사람이라도 부처님의 가르침에 따라 큰 지혜를 얻으면 깨달음의 최고 경지에 이를 수 있습니다.

먼저 자신의 마음을 잘 살펴보아야 합니다.

사람이 어떤 방에 들어갔을 때 먼저 방안을 살펴보고 나서 창을 통해 바깥 풍경을 바라보는 것과 같은 이치입니다. 몸 안에 있는 마음을 먼저 살펴보아야 합니다.

번뇌의 마음에서 벗어나지 못하는 것은 두 가지 이유 때문입니다. 첫째는 태어남과 죽음이 자신의 본성이라고 믿기 때문이고, 둘째는 깨달음의 원천인 청정심(淸淨心)이 마음속에 숨겨져 있음을 스스로 인식하지 못하고 있기 때문입니다.

모든 사람은 청정심을 가지고 있습니다. 그러나 이 청정심은 바깥에서 벌어지는 연기(緣起)에 의해 생기는 번뇌 때문에 가려져 보이지 않을 뿐입니다. 그러므로 번뇌는 부수적인 마음이지

주된 마음이 아닙니다.

달은 구름에 가려져 보이지 않지만, 구름에 의해 더러워지거나 움직임에 제약을 받지는 않습니다. 마찬가지로 번뇌의 마음을 자신의 본성이라고 보면 안 됩니다. 번뇌는 욕망과 외부의 조건에 따라 생기는 것입니다. 이런 번뇌에 영향을 받지 않고 없어지지 않는 본성이 청정심입니다.

물을 원통에 넣으면 원형으로 보이고 사각통에 넣으면 사각형으로 보이지만 원래 물은 원형도 아니요, 사각형도 아닌 것과 같은 이치입니다. 사물을 선하거나 악하다고 보고, 좋거나 싫다고 생각하고, 있거나 없다고 보는 식의 관념에 얽매여 있기 때문에 괴로움에서 벗어나지 못하는 것입니다. 그러므로 이런 속박에서 벗어나서 자신의 청정심을 되찾으면 몸과 마음이 자유롭고 번뇌와 괴로움에서 벗어날 수 있게 됩니다.

청정심은 깨달음의 최고 경지에 이르는 부처의 근원입니다. 다시 말해 부처가 되기 위한 "씨앗"이라고 할 수 있습니다. 그러므로 마음에 숨겨져 있는 청정심을 찾아내어 씨앗을 틔우고 새싹을 만들어 키워나가면 됩니다.

어떤 사람이 하루는 거울을 보고 깜짝 놀랐다고 합니다. 자신의 머리와 몸통이 보이지 않았기 때문입니다. 그런데 이 사람은 거울의 뒷면을 보고 있었기 때문에 머리와 몸통이 안 보였을 뿐이지 머리와 몸통이 없어진 것이 아닙니다. 머리와 몸통이 없어졌다고 생각하는 것은 어리석은 생각입니다.

 마찬가지로 번뇌에서 벗어나지 못하고 깨달음을 얻지 못하였다고 해서 청정심이 없어진 것은 아닙니다. 숨겨진 청정심을 찾지 못하고 깨달음에 이르는 길을 알지 못하였기 때문입니다. 물론 숨겨진 청정심을 찾고 지혜를 얻은 사람도 아직 완전한 부처가 되지 않았다면 부처 행세를 하면 안 될 것입니다.

번뇌(煩惱)

 부처의 본성, 즉 불성(佛性)을 어지럽게 만드는 번뇌(煩惱)에는 두 가지 종류가 있습니다. 지성(知性)적 번뇌와 감정(感情)적 번뇌입니다. 번뇌는 무명(無明)과 애욕(愛欲) 때문에 생깁니다. 무명은 올바른 지혜가 없는 어리석음입니다. 애욕은 격렬한 욕망을 말하며, 삶에 대한 집착이며, 보는 것과 듣는 것을 모두 갖고 싶어 하는 욕망입니다.

무명과 애욕 때문에 탐욕, 분노, 어리석음, 오해, 억울함, 질투심, 아첨, 사기, 자만심, 경멸, 도취, 이기심 등의 번뇌가 생기게 됩니다. 탐욕이 생기는 것은 마음에 드는 물건을 보고 올바르지 않은 마음을 가지기 때문에 생깁니다. 질투심은 마음에 들지 않는 것을 보고 올바르지 않은 마음을 가지기 때문에 생깁니다. 무명은 지혜가 없어서 해야 할 일과 하지 말아야 할 일을 이해하지 못하는 것입니다. 사기는 올바르지 않은 교육을 받고 올바르지 않은 생각을 가지기 때문에 생기는 것입니다.

탐욕과 분노와 무명은 이 세상의 3대 병폐이자 불씨입니다. 탐욕의 불씨는 욕망에 의해 진실을 잃은 사람을 불타오르게 하고, 분노의 불씨는 화를 내어 생명체에 해를 입히는 사람을 불타오르게 하고, 무명의 불씨는 부처님의 가르침을 알지 못하는 사람을 불타오르게 합니다.

이 세상은 여러 불씨에 의해 불타오르고 있습니다. 탐욕의 불씨, 분노의 불씨, 무명의 불씨, 생(生) 노(老) 병(病) 사(死)의 불씨, 슬픔의 불씨, 괴로움의 불씨 등 헤아릴 수 없이 다양한 번뇌의 불씨에 의해 불타오르고 있는 것입니다. 나아가 이들 번뇌의 불씨는 육체적(몸), 언어적(말), 의식적(뜻) 3대 악행으로 번져 나갑니다. 더군다나 이런 번뇌의 불씨 때문에 생긴 상처는 더욱 감염되어 악의 구렁텅이로 **빠져들게** 만듭니다.

탐욕은 만족을 얻고 싶은 마음에서, 분노는 만족을 얻을 수 없다는 마음에서, 무명은 지혜롭지 않은 마음에서 생기는 것입니다. 탐욕은 죄의 정도는 적을지 몰라도 이를 벗어나기가 쉽지 않습니다. 분노는 죄의 정도는 크지만 이를 벗어나기 쉽습니다. 무명은 죄의 정도도 크고 이를 벗어나기가 쉽지 않습니다.

그러므로 마음에 드는 것은 먼저 잘 본 뒤에 올바르게 생각하고, 마음에 들지 않는 것은 보고 나서 자비심을 가지고, 항상 지혜롭게 생각하여 이들 3대 불씨를 없애야 합니다. 이렇게 하면 마음에서 번뇌가 사라집니다.

탐욕, 분노 그리고 무명은 몸에 열이 나는 것과 같습니다. 몸에 열이 나면 아무리 크고 아름

다운 방에 누워있어도 편안히 잠을 잘 수가 없습니다. 이 세 가지 번뇌가 없는 사람은 차가운 겨울밤에 딱딱한 침대에서 홑이불만을 덮고 있어도 잠을 편안히 잘 수 있고, 무더운 여름밤에 갇힌 방 안에 있어도 편안히 잠을 잘 수 있습니다.

탐욕과 분노와 무명은 이 세상의 슬픔과 괴로움의 근원입니다. 이를 없애기 위해서는 통찰력과 마음의 통일과 올바른 지혜를 가져야 합니다. 통찰력은 탐욕의 뿌리를 없애주고, 올바른 마음의 통일은 분노의 뿌리를 없애주며, 올바른 지혜는 무명의 뿌리를 없애주기 때문입니다.

인간의 욕망에는 끝이 없습니다. 소금물을 마시면 갈증이 더 나는 것과 같은 이치입니다. 욕망을 채워나가도 더 많은 욕망이 다가옵니다. 결코 욕망을 채울 수가 없습니다. 그러므로 욕망을 채우지 못함에 따른 괴로움이 생기고 심적으로 미칠 지경이 됩니다. 이 때문에 싸움이 벌어집니다. 왕은 왕대로, 신하는 신하대로, 부모 자식끼리, 형제자매끼리, 친구 동지끼리 서로 싸우고 서로 죽이기도 합니다.

욕망을 충족시키기 위해 몸을 망치기도 합니다. 훔치고 사기 치고 간음을 합니다. 때로는 감옥에 갇히기도 합니다. 또 육체적(몸) 언어적(말) 의식적(뜻) 죄를 쌓아 이 세상의 괴로움뿐 아니라 죽어 저세상에 가서도 지옥 세계에 떨어져 고통받게 됩니다.

애욕은 번뇌 중의 번뇌입니다. 애욕은 다양한

번뇌를 만드는 음험한 습지와 같습니다. 애욕은 선을 잡아먹는 악귀이며, 모든 선을 파괴하는 악마입니다. 애욕은 꽃에 기생하는 독사입니다. 욕망의 꽃을 탐하는 자에게 독을 분사하여 죽입니다. 애욕은 나무를 말려 죽이는 독초입니다. 욕정을 끓게 만들어 사람의 선한 감정을 빨아 없앱니다. 애욕은 악마가 던진 미끼입니다. 사람들은 이 미끼를 물어 악마의 소굴에 빠지고 맙니다.

굶주린 짐승에게 피가 묻은 뼈다귀를 던져주면 짐승은 뼈를 빨아 보지만 살점이 없어 단지 피곤하고 좌절감만 느낄 뿐입니다. 아무리 애욕을 추구해도 만족을 느끼지 못하는 것은 이와 같은 이치입니다.

번뇌 때문에 업(業)을 짓게 되고, 업 때문에 괴로움이 생깁니다. 번뇌와 업과 괴로움은 3륜차와 같이 끝없이 굴러갑니다. 사람들은 이 윤회의 3륜차에서 내릴 방법을 모릅니다. 영원히 반복되는 윤회에 의해 사람들은 현생에서 내생으로 번뇌와 괴로움을 안고 끝없이 반복하여 새로 태어납니다.

보시(布施)

보시(布施)는 여섯 가지 바라밀다(六波羅蜜多), 즉 보시(布施), 지계(持戒), 인욕(忍辱), 정진(精進), 선정(禪定), 지혜(智慧) 가운데 첫 번째를 차지하는 중요한 실천 수행법입니다. 여기서 한자로는 포시(布施)라고 쓰고 한글로는 보시라고 읽습니다.

깨달음의 최고 경지에 이르기 위해서는 육체적(몸), 언어적(말) 그리고 의식적(뜻) 세 가지 행위에 항상 청정심(淸淨心)을 유지해야 합니다. 육체적으로 청정심을 유지한다는 것은 살생하지 않고 도둑질하지 않고 애욕을 갖지 않는 것입니다. 언어적으로 청정심을 유지한다는 것은 거짓말하지 않고 남을 헐뜯지 않고 속이지 않고 내키는 대로 말하지 않는 것입니다. 의식적으로 청정심을 유지한다는 것은 탐욕스럽지 않고 화내지 않고 불공정하지 않게 행동하는 것을 말합니다.

마음이 더러워지면 행동이 더러워지고, 행동이 더러워지면 괴로움이 생기게 됩니다. 그러므로 청정심을 유지하고 행동을 진중하게 하는 것이 깨달음의 최고 경지에 이르는 첫 걸음인 것입니다.

대승불교에서 중생을 구제하는 수행법의 하나로 제시하는 것이 보시입니다. 이는 육체적(몸), 언어적(말) 그리고 의식적(뜻) 행위에 청정심을 유지하면서 조건 없이 남에게 자비심을 베푸는 실천 수행법의 하나입니다.

한국학중앙연구원(www.aks.ac.kr)의 정의에 따르면 보시는 여러 가지로 분류할 수 있습니다. 이 중에서 대표적인 3보시(三布施)는 재물(財物)보시, 법(法)보시, 무외시(無畏施)의 세 가지를 말합니다. 재물보시는 재물을 필요로 하는 사람에게 생색을 내지 않고 조건 없이 제공하는 행위입니다. 법보시는 진리를 구하러 온 사람에게 자신이 가진 식견과 지혜를 조건 없이 공유하는 행위입니다. 무외시는 재난을 당하여 공포와 위험에 처한 사람을 조건 없이 구조해 내어 안전과 평화를 얻어주는 행위입니다.

보시에는 보시하는 사람, 보시를 받는 사람, 보시하는 물건의 세 가지 형상, 즉 3륜상(三輪相)이 있습니다. 이 세 가지를 마음속에 의식하고 생색을 내면서 보시하는 행위를 유상보시(有相布施), 무심(無心)으로 조건 없이 보시하는 행위를 무주상보시(無住相布施)라고 합니다. 여기서 무주(無住)는 "머무름이 없다"는 뜻으로 온전한 자비심으로 행하는 보시이며, 무주상보시가 참된 보시입니다.

释迦牟尼

제4장
깨달음의 최고 경지에 이르는 길

 반야심경은 부처님의 가르침 가운데 큰 지혜를 완성하기 위한 핵심 내용을 설법하고 있는 경전입니다. 큰 지혜를 완성하게 되면 아뇩다라삼먁삼보리(阿耨多羅三藐三菩提), 즉 '깨달음의 최고 경지'에 이를 수 있습니다. 반야심경에 따르면 큰 지혜를 완성하여 깨달음의 최고 경지에 이르는 길은 다음 그림과 같이 요약할 수 있습니다.

〈깨달음의 최고 경지에 이르는 길〉

즉 5온(五蘊)이 모두 공(空)한 것임을 꿰뚫어 보아야 합니다. 그러면 마음에 거리낌이 없어져서 두려움이 사라지고 헛된 몽상으로부터 멀리 벗어날 수 있게 됩니다. 그리하여 큰 지혜를 완성할 수 있으며, 결국 깨달음의 최고 경지에 이르게 되는 것입니다.

5온이란 몸과 마음이 색(色), 수(受), 상(想), 행(行), 식(識)의 다섯 가지로 이루어져 있다는 것을 뜻합니다. 색은 모양 또는 형상을 뜻합니다. 반야심경에 따르면 색은 공(空)과 다르지 않고 공은 색과 다르지 않습니다. 색이 곧 공이요, 공이 곧 색인 것입니다. 수는 느끼는 것이고, 상은 생각하는 것이고, 행은 행하는 것이고, 식은 인식하는 것인데, 이들 수, 상, 행, 식도 색과 마찬가지로 공한 것입니다.

색, 수, 상, 행, 식이 모두 공한 것임을 꿰뚫어 보고 나면 마음속에 거리낌이 없어집니다. 마음에 거리낌이 없어지면 불안과 두려움이 사라지게 됩니다. 내키는 대로 생각하고 행동하라는 것이 아니라 부처님의 가르침에 따라 중도(中道)의 생활 속에서 괴로움에 관한 네 가지 진리, 즉 4성제(四聖諦)를 이해하고 8정도(八正道)를 실천하는 수행을 하라는 것입니다.

올바른 견해(정견, 正見), 올바른 생각(정사유, 正思惟), 올바른 말(정어, 正語), 올바른 행위(정업, 正業), 올바른 생활(정명, 正命), 올바른 노력(정정진, 正精進), 올바른 의식(정념, 正念), 올바른 마음 통일(정정, 正定)의 8정도(八正道) 수행을 통해 모든 번뇌와 괴로움에서 벗어날 수 있게 됩니다. 마음에서 번뇌와 괴로움을 없애고 나면 자연스럽게 헛된 몽상에서 멀리 벗어날 수 있게 됩니다.

마음에서 번뇌와 괴로움이 사라지고 헛된 몽상에서 벗어나면 비로소 "큰 지혜를 완성"할 수 있게 됩니다. 이를 마하반야바라밀다(摩訶般若波羅蜜多)라고 합니다. 큰 지혜를 완성하고 나면 깨달음의 최고 경지, 즉 아뇩다라삼먁삼보리에 이르게 되고, 열반의 상태에 도달하게 됩니다. 특히 살아서 열반에 드는 유여(有餘)열반에 도달할 수 있습니다. 살아서 부처가 되는 것입니다.

　최초의 유여열반에 도달한 사람은 스물아홉 살에 출가하여 서른다섯 살에 깨달음의 최고 경지에 도달했던 고대 인도 샤크야(Shakya)족 숫도다나 고타마(Shuddhodana Gautama) 왕의 아들인 싯다르타(Siddhartha) 왕태자입니다. 전생(前生, 과거의 세상), 현생(現生, 현재의 세상), 내생(來生, 미래의 세상)의 모든 부처님도 이런 과정을 거쳐서 부처가 된 것입니다. 부처님의 가르침에 따르면 모든 인간은 부처가 될 수 있습니다.

釋迦牟尼

제5장
깨달음 체험기

불교에서 '깨달음'은 단순한 '지식의 앎'을 뜻하는 것이 아니라 인생관의 획기적인 변화를 가져오는 '깨우침'을 의미합니다. 깨달음을 얻게 되면 일신의 영달보다 인류 발전에 공헌이 삶의 목표로 변하게 됩니다. 삶에 대한 목표와 신념이 확고하게 정립되기 때문에 삶에 대한 회의와 번뇌가 사라져서 하루하루의 삶이 더 보람되고 행복이 충만하게 됩니다.

제가 20세가 되던 해입니다. 그동안 어렴풋이 품어온 의문 또는 화두를 더 구체적으로 고민하기 시작하였습니다. 그 화두는 '내가 왜 태어났을까' 그리고 '우주 공간에 있는 무수한 행성 가운데 하필 지구에 태어난 것일까'에 관한 것이었습니다. 과학기술을 전공하는 저로서는 먼저 과학기술적인 해답을 찾아보았습니다.

빛은 1초에 대략 30만km(지구의 일곱 바퀴 반 거리)를 이동합니다. 1광년은 빛이 1년간 이동하는 거리입니다. 과학기술자들의 연구에 따르면 수십에서 수백 광년이 떨어진 우주 공간 어딘가에 지구와 비슷한 환경을 가진 행성이 존재한다고 합니다. 그렇다면 그곳에 우리와 비슷한 생명체가 살고 있을 가능성이 있습니다.

이로써 저의 화두는 허황된 것이 아니라 현실적이고 과학적인 것이 됩니다. '머피의 법칙'에 따르면 모든 결과에는 반드시 인과관계가 존재합니다. 연기(緣起)의 법칙도 이와 다르지 않습니다. 따라서 우연이란 없습니다. 우리가 태어난 것도 그리고 지구라는 행성에 태어난 것도 우연히 일어난 일이 아니라 뭔가 이유가 있다는 뜻입니다.

  제가 40세가 되던 해, 매우 특이하고 신비로운 체험을 하였습니다. 그해 가을에 캐나다에서 열린 국제 학술회의에서 논문을 발표하고 아름다운 가을 단풍으로 덮인 캐나다의 가을 산을 탐방하는 행사에 참여했습니다. 제가 그동안 품어온 화두에 관한 사색을 하면서 산길을 산책하는 도중에 신비로운 경험을 했습니다. 갑자기 말로써 표현하기 어려운 쾌감이 전신에 느껴졌습니다. 육체적으로도 한동안 마치 온몸이 공중에 떠 있는 듯한 느낌을 받았습니다.

제가 정신을 차렸을 때 여전히 산책을 하는 중이었습니다. 쾌감에 빠졌던 이유는 그동안 품어온 화두에 대한 깨달음을 얻었기 때문입니다. 제가 얻은 깨달음은 제가 태어난 이유, 특히 지구에 온 이유는 분명 어떤 특수 임무를 부여받고 왔음이 틀림없다는 것입니다. 그리고 제가 지구에 오면서 부여받은 특수 임무는 인류가 겪고 있는 다양한 유형의 난제를 푸는 데 미력하지만 일조하라는 것입니다.

80억 명이 살고 있는 지구에는 지속적인 문명 발전과 행복 추구에 다양한 난제가 있습니다.

에너지 부족, 물 부족, 식량 부족, 기후변화와 환경파괴, 빈곤, 전쟁과 테러, 질병과 건강, 교육, 민주주의와 인권 파괴 그리고 인구 문제 등이 그것입니다. 사람은 물론이고 모든 생명체가 공통으로 직면하고 있는 난제입니다. 우리가 지구에 올 때 부여받은 임무는 이들 난제 해결에 일조하는 것입니다. 최소한 이웃을 위해 뭔가 이로운 일을 하는 것이 우리에게 부여된 임무입니다.

현실적으로 부여받은 임무를 오해하거나 착각하여 결국에는 불행하게 지구를 떠나는 경우가 비일비재합니다. 지구에 왜 왔는지 또 부여받은 임무가 무엇인지 모른 채 지구를 떠나는 경우도 허다합니다. 어렴풋이 자신의 임무를 인식한 사람도 구체적인 내용을 모릅니다. 당연히 부여받은 임무를 완수하지 못하고 지구를 떠납니다. 임무를 잘 수행하고 있는 사람도 그것이 부여받은 임무인지 자각하는 경우가 드뭅니다.

우리는 개인의 영달만을 추구하기 위해 지구에 온 것이 아닙니다. 무엇보다 돈벌이 임무를 띠고 지구에 온 것이 아님은 분명합니다. 돈은 임무를 수행하는 과정에 주어지는 보상일 뿐입니다. 그러므로 하루빨리 지구에 오면서 부여받은 임무가 무엇인지를 깨달아야 합니다. 100세 시대라고는 하지만 지구를 떠나기 전에 부여받은 임무를 완수하기에는 많은 시간이 필요하기 때문입니다. 이것이 깨달음을 얻어야 하는 이유입니다.

제가 지구에 오면서 부여받은 임무가 무엇이

며 그리고 이를 완수해야 한다는 깨달음을 얻은 그 날 이후로 저의 일생의 분명한 삶의 목표는 일신의 영달보다 인류 발전에 공헌으로 설정하였습니다. 저의 모든 사고방식과 행동 양식은 인류 발전에 공헌하는 것을 최우선 기준으로 정했습니다.

제가 지구에 오면서 부여받은 임무는 지구의 해양 안전을 지키는 것입니다. 구체적으로는 사고와 극한 해양 환경에서 선박과 해양플랜트 설비의 위험도를 정밀하고 효율적으로 계량화하고 저감시킬 수 있는 방법의 연구개발을 통하여 인명손실, 재산손실, 환경파괴 등 피해를 최소화하는 데 일익을 담당하는 것입니다. 선박과 해양플랜트 설비의 해양사고 피해는 전 지구에 영향을 미치기 때문입니다. 제가 그동안 성취한

다양한 업적과 명예[3-5]는 목표가 아니라 제가 지구에 오면서 부여받은 임무를 수행하는 과정에서 얻어진 결과물입니다. 앞으로 이 지구를 떠나는 순간까지 제가 부여받은 임무를 완수하기 위해 변함없이 정진(精進)해 나갈 작정입니다. 아제아제 바라아제 바라승아제 모지 사바하!

| 참고문헌 |

[1] 백점기, 《초보자를 위한 반야심경 공부》, 비움과채움, 2022.

[2] (재)일본불교전도협회, 《부처님의 가르침》, 1966.

[3] 유희열, 심재율, 《과학기술자의 피 땀 눈물 그리고 환희》, 지식공감, 2021.

[4] 《한림원의 창》, 〈선박 해양플랜트 안전설계 엔지니어링 분야 세계적 권위자 – 백점기 영국 런던대 교수〉, 한국과학기술한림원, Vol. 136, pp.46–49, 2022.

[5] 한국과학기술한림원, 〈과학의 거인 – 백점기 런던대 교수〉, 2022. 8. 18., https://post.naver.com/viewer/postView.naver?memberNo=36134795&volumeNo=34326860.

|부록| 불교 기본 용어 사전

공(空)

만물에는 변하지 않고 고정된 실체와 나(아, 我, Atman)는 없고 다만 작용만 있을 뿐이라고 생각하는 사상입니다. 산스크리트어로는 Sunyata라고 합니다. 만물은 연기(緣起)에 의해 존재하고 작용하는 것이므로 실체로서 변하지 않는 자아(自我)가 그 속에 존재할 리가 없다는 것입니다. 그러므로 작용은 있지만 실체는 없다고 보는 사상입니다. 예를 들어 꿈을 꾸고 있을 때 꿈속에서 실체는 없지만 마음의 작용은 있는 것과 같은 이치입니다. 공은 반야심경의 핵심 사상입니다.

무명(無明)

올바른 지혜(智慧)가 없는 어리석음을 말합니다. 산스크리트어로는 Avidya입니다. 번뇌의 근원인 무지(無知)를 뜻합니다. 모든 존재의 인과(因果)를 12단계로 설명하는 12연기설(十二緣起說)에서도 첫 단계에 무명이 있다고 설정하고 있습니다.

무상(無常)

만물의 존재가 생기고 없어지는 변화 과정은 지속되며, 동일한 상태로는 머물지 않는 것을 말합니다. 산스크리트어로는 Anitya라고 합니다.

무아(無我)

이 세상의 모든 존재나 현상에는 잡을 수 있는 실체가 없다는 것으로 제행무상(諸行無常)을 말합니다. 산스크리트어로는 Anatman이라고 합니다. 여기서 아(我, Atman)는 영혼을 의미합니다.

바라밀다(波羅蜜多)

이쪽의 언덕(차안, 此岸)에 있는 번뇌의 현실 세계에서 저쪽의 언덕(피안, 彼岸)에 있는 부처님의 깨달음 세계로 건너가는 실천 수행을 의미하므로 결국 "깨달음을 완성시킨다"는 뜻입니다. 산스크리트어 Paramita를 중국식 한자로 표기한 것입니다. 보통 여섯 가지 바라밀다, 즉 6바라밀다(六波羅蜜多)를 실천 수행법으로 활용하고 있는데, 이는 보시(布施), 지계(持戒), 인욕(忍辱), 정진(精進), 선정(禪定), 지혜(智慧)를 말합니다.

반야심경(般若心經)

반야심경은 줄여 부르는 말이고, 본래 이름은 마하반야바라밀다심경(摩訶般若波羅蜜多心經)입니다. 마하(摩訶)는 "크다"라는 뜻으로 작은 것에 대한 상대적인 개념이 아니라 절대적인 개념의 "크다"를 총칭합니다. 반야(般若)는 산스크리트어 Prajna

의 음을 한자로 옮긴 것으로 뜻은 지혜(智慧)입니다. 지혜의 한자는 보통 知惠로 표기합니다만 여기서는 불교 용어로서 智慧로 표기합니다. 바라밀다(波羅蜜多)는 산스크리트어 Paramita의 음을 한자로 옮긴 것으로 뜻은 완성입니다. 따라서 마하반야바라밀다(摩訶般若波羅蜜多)는 "큰 지혜의 완성"이라는 뜻이 됩니다. 반야심경의 심(心)은 "중심, 핵심"의 뜻이므로 반야심경(般若心經)이란 "큰 지혜의 완성, 그 핵심을 설법한 경전"이라는 뜻입니다.

법(法)

부처님의 가르침을 말하며, 3장(三藏), 즉 경(經, 가르침), 율(律, 일상규칙), 논(論, 경과 율에 대한 해설)의 세 종류가 있습니다. 산스크리트어로는 Dharma라고 합니다. 법은 부처, 승려와 함께 3보(三寶)를 구성하는 요소입니다.

보살(菩薩)

보살은 보리살타(菩提薩埵)의 준말입니다. 보리살타는 산스크리트어 Boddhisattva를 중국식 발음 한자로 표기한 것입니다. 원래는 싯다르타 왕태자가 부처가 되기 전 수행할 당시에 불렸던 명칭으로 깨달음을 구해 수행하는 구도자(求道者)를 일컫는 말입니다. 부처님의 자비(慈悲)와 지혜(智慧)를 전파하고 부처님의 보좌역할을 담당하여 사람들을 번뇌와 괴로움으로부터 구제해 주는 관음보살(觀音菩薩), 지장보살(地藏菩薩)이 대표적인 보살입니다. 대승불교의 발전과 함께 그 뜻이 확대해석되어 현재는 깨달음을 구해 수행하는 사람(보통 여성)을 모두 보살이라 부르고 있습니다.

불(佛), 불타(佛陀)

"깨달음을 얻었다"는 뜻을 가진 산스크리트어 Buddha를 중국식 한자로 표기한 것입니다. 불(佛)

은 불타(佛陀)의 준말입니다. 한국에서는 부처라고 부릅니다. 한자로는 각자(覺者), 정각자(正覺者)로 표기하기도 하며, 원래는 불교의 창시자인 석가모니를 가리키는 말입니다. 불교에서는 모든 사람이 부처가 될 수 있다고 보는데, 그 수단이나 기간 등의 차이에 따라 불교 종파가 나뉩니다.

불성(佛性)

부처가 되는 성품을 말하며, 불심(佛心)이라고도 합니다. 산스크리트어로는 Buddatva라고 합니다. 깨달음에 이르는 잠재력, 가능성을 의미합니다. 불교에서는 사람을 포함한 만물이 이 불성을 가지고 있다고 봅니다. 일체중생실유불성(一切衆生悉有佛性)이란 "모든 중생은 부처가 될 성품을 지니고 있다"는 뜻입니다.

선정(禪定)

불교 수행법 중의 하나로 생각을 쉬는 것을 의미합니다. 잡념과 집착에서 벗어나기 위해 마음을 쉬는 무념(無念), 무상(無想)의 수행법을 말합니다. 8정도(八正道)의 한 요소인 정정(正定)은 올바른 마음의 통일(정신 집중)을 말합니다.

아뇩다라삼먁삼보리(阿耨多羅三藐三菩提)

산스크리트어 Anuttara Samyak Sambodhi의 음을 한자로 옮긴 것으로 '깨달음의 최고 경지'라는 뜻입니다. 아뇩다라(Anuttara)는 무상(無上, 더 이상 위가 없음), 삼먁(Samyak)은 거짓이 아닌 진실, 삼보리(Sambodhi)는 정등각(正等覺, 모든 지혜를 널리 깨침), 보리는 부처님의 깨달음을 의미합니다.

아제아제 바라아제 바라승아제 모지 사바하

(揭諦揭諦 波羅揭諦 波羅僧揭諦 菩提 娑婆訶)

반야심경의 진언(眞言, 지혜를 축약하여 짧은 문구로 표현한 말)입니다. 산스크리트어 Gate Gate Paragate Parasaṃgate Bodhisvaha의 음을 한자로 옮긴 것으로 뜻은 "가자! 가자! 저 깨달음의 세계로 가자! 모두 함께 저 깨달음의 세계로 가자! 오! 깨달음이여! 축복이어라!"입니다. 여기서 한자 보리(菩提)는 모지로 읽습니다.

업(業)

인과관계에서 행위가 가져오는 결과를 말합니다. 산스크리트어로는 Karman입니다. 일상적으로 Karma라고도 합니다. 모든 행위는 선악(善惡), 고락(苦樂)의 업보를 초래하는 것입니다. 선행(善行)이나 악행(惡行)을 반복하여 누적시켜 나가면 그 힘이 미래에 영향을 미친다고 보는 사상입니다. 업은 육체적(몸),

언어적(말) 그리고 의식적(뜻) 세 가지 행위에 의해 일어난다고 생각하고 있습니다. 8정도(八正道)의 한 요소인 정업(正業)은 올바른 행위를 말합니다.

연기(緣起)

인연생기(因緣生起)의 준말입니다. 산스크리트어 Pratityasamutpada를 번역한 것입니다. 만물의 현상은 상호관계 속에 생기고 일어난다고 보는 사상입니다.

열반(涅槃)

"불을 입으로 불어서 끄는 것" 또는 "불어서 꺼진 상태"라는 의미를 가진 산스크리트어 Nirvana를 중국식 한자로 표기한 것입니다. 멸(滅), 적멸(寂滅) 또는 멸도(滅度)로 번역하기도 합니다. 모든 번뇌와 집착을 없애고 깨달음을 얻어 해탈한 최고 경지, 즉 아뇩다라삼먁삼보리(阿耨多羅三藐三菩提)를 말합니다. 살아 있으면서 열반에 도달한 경우를 유여(有餘)열반, 죽고 나서 열반에 도달한 경우를 무여(無餘)열반이라고 합니다.

5온(五蘊)

몸과 마음이 다섯 가지 요소, 즉 색(色), 수(受), 상(想), 행(行), 식(識)으로 이루어져 있다는 것을 뜻합니다. 색은 물질적인 형태로서 육체를 의미합니다. 수는 감각적인 형태로서 "느낌을 받는다"는 감정을 의미합니다. 상은 마음속에 어떤 생각을 떠올려 관념을 형성하는 것을 의미합니다. 행은 행위를 통해 형성되는 마음의 작용을 의미합니다. 식은 대상을 인식하고 판단하는 마음의 작용을 의미합니다. 5온 가운데 색온(色蘊)은 육체적 요소, 수상행식의 4온(四蘊)은 정신적 요소입니다. 정신적인 요소인 4온은 육체적인 요소인 색온과 함께 몸과 마음을 이루기 때문에 명색(名色)이라고도 합니다.

윤회(輪廻)

과거의 전생(前生), 현재의 현생(現生) 그리고 미래의 내생(來生)으로 태어나고 죽는 과정이 바퀴가 굴러가듯이 반복되는 것을 말합니다. 산스크리트어로 Samsara라고 합니다. 번뇌의 세계에서 깨달음의 세계로 탈출하지 못하면 지옥, 아귀, 축생, 아수라, 인간, 천상의 여섯 가지 세계를 영원히 반복하게 됩니다. 이 윤회의 바퀴에서 벗어난 상태가 부처입니다.

인연(因緣)

결과를 생기게 하는 직접적인 원인인 인(因)과 그 원인을 보조하는 외적 조건인 연(緣)이 결합된 단어입니다. 산스크리트어로는 Hetupratyaya라고 합니다. 만물은 인연에 의해 생기고 없어지므로 이것을 인연소생(因緣所生)이라고 합니다.

인욕(忍辱)

이 세상의 온갖 고통과 번뇌를 참고 원한을 일으키지 않는 실천 수행법 중의 하나입니다.

자비(慈悲)

상대방에게 즐거움을 주는 자(慈)와 상대방의 괴로움을 없애주는 비(悲)를 합친 말로서 상대방과 함께 기쁨과 슬픔을 공유하는 행위를 말합니다. 산스크리트어로는 Maitri-karuna입니다. 상대방을 차별하지 않고 자비를 베푸는 것이 부처이며, 이를 상징적으로 표현한 것이 관음(觀音)보살, 지장(地藏)보살입니다.

정진(精進)

실천 수행법 중의 하나로 게으름을 부리지 않고 부지런히 수행하는 태도를 말합니다. 단순히 열심히 노력한다는 것이 아니라 청정심을 가지고 선악의 가치를 충분히 생각하면서 깨달음을 얻기 위해 부단히 실천 수행하는 것을 의미합니다. 8정도(八正道)의 한 요소인 정정진(正精進)은 올바른 노력을 말합니다.

중도(中道)

편견이 없는 중간의 길을 말합니다. 산스크리트어로 Madhyama Pratipad라고 합니다. 단순히 "중간의 길을 간다"는 뜻이 아니라 현실을 공정하게 관찰하고 행동하는 것을 의미합니다. 양극단을 부정하고 지양하는 사상입니다.

지계(持戒)

실천 수행법 중의 하나로 부처님의 가르침과 계율을 지키는 것을 말합니다. 엄밀히 말해 악(惡)을 방지하기 위한 윤리 덕목이 계(戒)이고, 그 규범이 율(律)입니다. 계는 구속력이 없는 자율적인 지침입니다. 그러나 이것이 명문화되어 구속력을 가지게 되면 계율이 됩니다. 승려의 윤리 덕목은 비구의 250계, 비구니의 348계가 있습니다. 출가(出家)한 비구, 비구니가 지켜야 할 계율을 구족계(具足戒)라고 합니다. 일반인도 지키도록 권장하고 있는 5계(五戒)는 "①살생하지 말라, ②도둑질하지 말라, ③간음하지 말라, ④거짓말하지 말라, ⑤술을 마시지 말라"입니다. "⑤술을 마시지 말라"는 "⑤술을 팔지 말라"로 바꾸어 적용하기도 합니다.

지혜(智慧)

보통 사용하는 지혜(知惠)와 구분하며 산스크리트어로는 Prajna라고 하고 한자로는 반야(般若)로 표기합니다. 단순한 지식을 말하는 것이 아니라 모든 현상의 배후에 존재하는 진실을 깨우치는 것을 말합니다. 지혜를 얻어 깨달음을 완성하는 것을 반야바라밀다(般若波羅蜜多)라고 합니다. 여기서 바라밀다는 산스크리트어 Paramita를 한자로 표기한 것으로 완성이라는 뜻입니다.

출가(出家)

깨달음을 얻기 위해 가정생활을 벗어나서 전문적으로 수행하는 것을 말합니다. 산스크리트어로는 Pravrajana라고 합니다. 출가하지 않고 가정을 지키며 수행하는 사람을 재가불자(在家佛者)라고 합니다.

해탈(解脫)

윤회전생(輪廻轉生)하는 번뇌 세계의 속박에서 분리되어 열반의 경지로 탈출하는 것을 말합니다. 산스크리트어로는 Vimoksa라고 합니다. 번뇌의 세계에서 탈출하여 영원히 깨달음의 세계에 머무는 것이 부처입니다. 해탈하면 번뇌에서 벗어나게 되어 일체의 속박이 사라지고 거침이 없이 자유로운 상태가 됩니다.

회향(廻向)

자신의 선행(善行)을 되돌아보는 의식으로써 미래에 자신의 깨달음으로 회향하는 경우와 타인의 깨달음으로 회향하는 경우로 나눌 수 있습니다. 현재 주로 사용하고 있는 회향의 개념은 죽은 사람이 이 세상에서 저질렀던 악행에 대한 죄를 없애고, 내세(來世)에서 좋은 결과를 얻도록 기도하는 의식을 말합니다. 대표적으로 장례식이나 사찰 기도식에서 독경을 통해 죽은 사람의 명복을 비는 의식을 회향이라고 합니다.

초보자를 위한
부처님의 가르침 공부

초판 1쇄 2023년 4월 17일

지은이 백점기
발행인 김재홍
마케팅 이연실
디자인 김혜린

발행처 도서출판지식공감
브랜드 비움과채움
등록번호 제2015-000007호
주소 서울특별시 영등포구 경인로82길 3-4, 영등포센터플러스 1117호
전화 02-3141-2700
팩스 02-322-3089
이메일 jisikwon@naver.com

가격 5,000원
ISBN 979-11-5622-792-2 02220

ⓒ 백점기 2023, Printed in Seoul, Repubilc of Korea.
- 이 책은 저작권법에 따라 보호받는 저작물이므로 무단전재와 무단복제를 금지하며,
  이 책 내용의 전부 또는 일부를 이용하려면 반드시 저작권자와 도서출판지식공감의
  서면 동의를 받아야 합니다.
- 파본이나 잘못된 책은 구입처에서 교환해 드립니다.